JEAN HEIMWEH

ROIT DE CONQUÊTE

ET

PLÉBISCITE

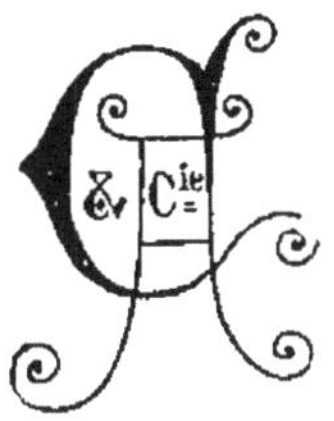

Paris, 5, rue de Mézières

nd Colin & Cie, Éditeurs

aires de la Société des Gens de Lettres

DROIT DE CONQUÊTE

ET

PLÉBISCITE

OUVRAGES DU MÊME AUTEUR

La Question d'Alsace. — 2e édition. 1 volume in-16 double couronne (Hachette et Cie).

La Question des Passeports en Alsace-Lorraine. — 1 brochure in-16 (Lahure).

Pensons-y et parlons-en. — 1 brochure in-16 (Armand Colin et Cie).

Triple Alliance et Alsace-Lorraine. — 1 brochure in-16 (Armand Colin et Cie).

L'Alsace-Lorraine et la Paix. La dépêche d'Ems. — 1 brochure in-16 (Armand Colin et Cie).

La Guerre et la Frontière du Rhin. — 1 brochure in-16 (Armand Colin et Cie).

32002. — Imprimerie Lahure, rue de Fleurus, 9, à Paris.

JEAN HEIMWEH

DROIT DE CONQUÊTE

ET

PLÉBISCITE

PARIS

ARMAND COLIN ET Cie, ÉDITEURS

Libraires de la Société des Gens de lettres

RUE DE MÉZIÈRES, 5

—

1896

DROIT DE CONQUÊTE

ET

PLÉBISCITE[1]

I

LES PLÉBISCITES
DE LA RÉVOLUTION

Pourquoi, disent les Allemands, l'Allemagne ne garderait-elle pas l'Alsace-Lorraine, qu'elle a conquise sur la France, comme la France conserve la Bourgogne, enlevée au Saint-Empire romain, le Roussillon et la Franche-Comté, pris sur l'Espagne, comme cette même France a gardé, tant qu'elle a pu, l'Alsace-Lorraine arrachée à l'Allemagne?

1. Cet écrit a paru dans *La Paix par le Droit* (numéros de janvier, février, mars et avril 1896).

Il n'y a rien à objecter à ce raisonnement si l'on admet que le droit du plus fort, le *Faustrecht*, reste l'argument décisif, la loi suprême, dans les relations entre les États. Mais, en cette matière comme dans mainte autre, la doctrine change et la pratique se modifie. Il y a des choses qu'on faisait autrefois et qu'on ne fait plus aujourd'hui. Peu à peu, dans notre continent, le vainqueur a renoncé à manger le vaincu, à le réduire en esclavage ou en servage, à le dépouiller directement de ses biens, à passer au fil de l'épée les défenseurs d'une forteresse prise d'assaut, etc.

Donc le *Faustrecht* n'exerce plus maintenant, à beaucoup près, l'empire qu'il avait autrefois. Nombre d'usages, parmi ceux qu'il admettait jadis, sont désormais abolis. Donc ce n'est pas une raison, parce que pendant très longtemps le vainqueur a pu, l'épée haute, fort seulement de sa victoire, faire son bien des provinces conquises, pour que ce procédé sommaire soit encore acceptable aujourd'hui.

Et, dès lors, de ce que la France ait pu valablement acquérir l'Alsace par les armes au cours du xvii⁰ siècle, il ne s'ensuit pas que l'Allemagne ait eu le droit de ressaisir cette province par le même moyen à la fin du xix⁰. Il faudrait encore, pour que l'ancien droit subsistât à son profit, qu'il ne se fût établi ni principes nouveaux, ni sanctions nouvelles, touchant la validité des annexions territoriales.

Or, de pareils principes se sont établis et de pareilles sanctions se sont constituées. Leur avènement date de la Révolution française. Alors fut brisé le vieux moule despotique et aristocratique qui étreignait la France. Le peuple émancipé se déclara souverain. Ayant pris le pouvoir, il dut se procurer le moyen de l'exercer. Il dut organiser un instrument de règne approprié aux conditions particulières de son être, un instrument à l'usage des millions d'hommes qui composent cet être. Ce fut le droit de suffrage étendu à tous les citoyens, suffrage direct, ou à plusieurs degrés, selon les circonstances. La Constituante et la Législative avaient été formées par le suffrage restreint. La Convention nationale, constituée après la suspension et, pourrait-on dire, la suppression de la royauté, fut élue les 23 août et 2 septembre 1792 par le suffrage universel à deux degrés. Aussitôt réunie, elle abolit la royauté et proclame la République. Et le nouvel instrument de règne, le suffrage populaire, devient, en droit, le fondement non seulement du pouvoir politique, mais encore de toute autorité.

En instituant chez eux le dogme de la souve-

raineté du peuple, les Français n'entendaient pas
en limiter l'empire à leur propre pays. Apôtres
convaincus de la solidarité et de la fraternité des
peuples, ils prétendaient appeler les nations voisines à la liberté et leur faire partager les avantages dont ils jouissaient eux-mêmes. Ils ne voulaient pas user de la contrainte. L'entraînement
de l'exemple devait suffire. Les populations, une
fois affranchies, devaient pouvoir disposer librement d'elles-mêmes. Donc plus de conquête par la
force; elles sont contraires au nouveau dogme.
La réunion à un État d'un territoire voisin ne
pourra se faire désormais que moyennant le libre
et formel consentement des habitants de ce territoire. Le droit du sabre est remplacé par l'autorité
du plébiscite. Tels sont les principes hautement
proclamés par la Convention. Des guerres défensives heureuses lui permirent de les faire passer
presque aussitôt dans la pratique. L'annexion de la
Savoie en montre une première et mémorable
application.

Elle s'accomplit en un laps de deux mois, dans
l'automne de 1792. La France était en guerre
avec le roi de Sardaigne. Le 22 septembre, le
jour même où la Convention, réunie depuis
l'avant-veille, décidait de dater ses actes de l'an I
de la République, le général de Montesquiou,

commandant l'armée du Midi, qui était sûrement informé des dispositions de la Savoie, entrait dans ce pays avec douze bataillons [1]. Il avait fait prêter à ses troupes le serment *de respecter comme des frères les habitants de la Savoie, de ne point pénétrer dans la maison d'un citoyen sans y être invité et de prendre sous leur protection les ennemis désarmés.* Les troupes sardes se retirent devant lui. Le 24 septembre, il entre à Chambéry, aux acclamations enthousiastes de la population, parée de la cocarde tricolore, et le Syndic l'accueille par ces mots : « *Nous ne sommes pas un peuple conquis, mais un peuple délivré* ». Les administrations et les corps constitués sont maintenus provisoirement en fonction jusqu'à ce que le vœu national soit connu. Le 14 octobre, chaque commune élit un député muni de pleins pouvoirs pour décider du sort du pays. Les députés se réunissent le 21 dans la cathédrale de Chambéry. Trois communes seulement, occupées par les troupes sardes, n'avaient pu voter. Sur les 658 autres, qui étaient représentées, 583 avaient voté pour l'annexion immédiate à la France ; 70 avaient donné à leurs députés des pouvoirs illimités ; une avait demandé

1. Voir pour l'annexion de la Savoie : Victor de St-Genis, *Histoire de la Savoie.* Chambéry, 1869, troisième volume, p. 137 et suiv.

la constitution de la Savoie en une république indépendante; une seule n'avait pas indiqué son opinion.

Aussitôt après, l'Assemblée prononce la déchéance de la Maison de Savoie, la suppression des 7 provinces, l'unité indivisible de l'Allobrogie et émet le vœu solennel d'annexion à la France. Elle réorganise les corps municipaux et les tribunaux, décrète le retour à la nation des biens du clergé, en réservant l'usufruit aux titulaires ecclésiastiques, supprime la dîme, les droits féodaux, les douanes sur la frontière de France, séquestre les biens des émigrés qui ne rentreront pas dans le délai de deux mois, abolit la gabelle et la torture....

Le mardi 27 novembre, la Convention accepte l'offre des Allobroges et décrète la réunion de la Savoie à la République, dont elle formera le 84e département. Ce vote, connu à Chambéry le 3 décembre, y est accueilli avec enthousiasme, au carillon des cloches et à la flamme des feux de joie.

Après la réunion de la Savoie, celle du comté de Nice [1]. Le 29 septembre 1792, le général

---

1. Voir pour l'annexion de Nice : Toselli, *Précis historique de Nice depuis sa fondation jusqu'en* 1860. 4 vol. gr. in-8°. Nice, 1867 à 1870. — L'auteur n'est pas suspect de partialité envers la France.

Anselme, lieutenant de Montesquiou, passe le Var
et s'empare de Nice sans coup férir. Le lende-
main, il prend Villefranche et un peu plus tard
Oneille, après un bombardement. Les troupes
sardes s'étaient retirées dans les montagnes. Mais
Anselme en usa trop vivement avec sa conquête et
le bas peuple de Nice fit le plus mauvais usage de
son émancipation. De graves désordres et des
excès de tout genre signalèrent l'occupation française. Le député Lasource, se plaçant au point de
vue politique, fit, dans les termes suivants, le
procès de cette occupation, dans un discours prononcé le 24 octobre 1792 devant la Convention
nationale au nom du Comité diplomatique :

« Anselme, en prenant possession du Comté de
« Nice au nom de la nation française, s'est
« occupé à municipaliser cette contrée et à lui
« donner des administrations et des tribunaux.
« Citoyens, c'est un droit que vous n'avez pas,
« vous ne sauriez le transmettre.... Votre Comité
« vous propose, en conséquence, de défendre à
« vos généraux de prendre possession d'aucun
« territoire au nom de la nation française qui ne
« veut posséder que ce qu'elle a, de leur ordon-
« ner de proclamer, en entrant dans un pays, que
« la nation française le déclare affranchi du joug
« de ses tyrans et libre de se donner, sous la

« protection des armées de la République, telle
« organisation provisoire, telle forme de gouver-
« nement qu'il lui plaira d'adopter. »

Cependant, le 4 novembre, les citoyens Blanqui
et Veillon, députés à Paris par les corps administratifs provisoires de la ville et du comté de Nice,
demandent à la Convention l'annexion à la République française du territoire niçois. Mais les
corps administratifs que représentaient ces députés étaient ceux qu'avait formés le général Anselme. Aussi le président de la Convention, Hérault
de Séchelles, ferme sur les principes, ne voulut-il
point admettre cette demande. « *Avant de délibérer
sur la réunion*, dit-il, *que le peuple prononce, que
le souverain émette son vœu; et le souverain est
dans les Assemblées primaires, il n'est que là.* »

Sur cette invitation, il se forme une Assemblée
nationale sous le titre de *Convention nationale
des Colons marseillais*. Modelant sa marche sur
celle des Allobroges, dont elle avait reçu les
procès-verbaux, elle vote tout d'abord la déchéance
du roi de Sardaigne. Puis elle convoque les Assemblées primaires qui se réunissent les 9 et
15 décembre et se déclarent, dans la très grande
majorité des communes, pour la réunion à la
République française. Les mêmes députés extraor-
dinaires se présentent de nouveau, le 4 janvier 1793,

devant la Convention nationale pour solliciter *la réunion si désirée*, que la Convention, alors absorbée par le procès et la condamnation de Louis XVI, ne prononça enfin que le 31 janvier 1793. Le ci-devant comté de Nice forma le 85e département de la République française, dit des Alpes-Maritimes. La nouvelle en parvint à Nice le 7 février suivant. Elle fut célébrée par un « Te Deum », au son de la musique et au bruit de l'artillerie, avec feu de joie et illuminations pendant trois jours consécutifs.

Tandis que la Savoie et le comté de Nice, enlevés au roi de Sardaigne par l'armée du Midi, s'unissaient à la République française, des annexions plus étendues se préparaient sur la frontière septentrionale. Il s'agissait, d'une part, du pays rhénan, entre Landau et Bingen, et, de l'autre, des Pays-Bas autrichiens et du pays de Liège.

Custine entrait à Mayence le 21 octobre 1792 après avoir occupé Spire, Worms et la majeure partie du territoire qui forme aujourd'hui la Bavière rhénane[1]. Il y reçut bon accueil, surtout dans la région avoisinant l'Alsace. A Mayence même, il y avait un parti français, très dévoué,

1. Voir pour l'annexion de la province rhénane ; Chuquet, *Mayence* : Paris, 1892.

très ardent, composé de l'élite intellectuelle de la population, professeurs de l'Université, juris-consultes, ecclésiastiques, négociants, qui étaient las d'un régime arriéré et corrompu et aspiraient à compter pour quelque chose dans le gouvernement. La Révolution avait fait sur eux la plus vive impression; et, comme ils n'avaient pas encore l'idée d'une patrie allemande, ils étaient tout disposés à unir leur pays à la France; mais ils ne formaient qu'une minorité : la masse, *familiarisée avec la servitude*, regretta bientôt la cour de l'Électeur et le Chapitre noble, dont elle vivait. Elle les regretta d'autant plus que Custine se montra violent et hautain. Et, d'autre part, les revers que ce général éprouva sur la rive droite du Rhin, et la présence sur cette rive, tout auprès de Mayence, d'une armée prussienne, n'étaient pas pour encourager la population rhénane à se déclarer en faveur de la France.

Cependant la Convention, menacée par la coalition des monarchies, surexcitée par des luttes acharnées, perdait peu à peu le scrupuleux respect du droit des peuples qu'elle avait d'abord professé. Elle était d'ailleurs encouragée à provoquer la réunion du pays rhénan, non seulement par les sollicitations des patriotes de Mayence et des autres villes principales, mais encore par les instances de populations rurales. Au commencement de novembre, les habitants de Bergzabern et d'autres communes voisines, appartenant au duché de Deux-Ponts, s'étant soulevés et armés, priaient la Convention de les réunir à la France.

« Pénétrés, disaient-ils, des mêmes sentiments
« que la Savoie, ils exprimaient les mêmes
« vœux.... Déclarez à l'univers que tous les
« peuples qui secoueront le joug du despotisme
« et désireront la réunion avec la République,
« seront protégés et reconnus comme français....
« Les peuples, surtout nos voisins palatins (il y
« avait encore des serfs dans les domaines de l'É-
« lecteur palatin) et tous les sujets pitoyables des
« petits princes de l'Empire, n'attendent que ce
« moment. »

Le décret du 15 décembre prescrit aux généraux de la République de réunir le peuple en assemblées primaires pour organiser une administration et une justice provisoires. Pour être admis à voter et à exercer une fonction, il faudra prêter serment à la liberté et à l'égalité et renoncer par écrit à ses privilèges. Simon et Grégoire sont nommés commissaires dans les pays rhénans; ils n'arrivent à Mayence que le 31 janvier 1793.

Ils se mettent tout de suite à l'œuvre. Il s'agit de faire élire la Convention rhénane de manière qu'elle demande la réunion du pays à la France. Les assemblées primaires sont convoquées pour le 24 février. Sont électeurs tous les citoyens âgés de 21 ans qui ont prêté le serment civique ; sont éligibles ceux âgés de 25 ans. Mais la masse ne veut ni jurer ni voter. Les curés en font la défense à leurs paroissiens, qui craignent aussi les représailles des Prussiens. Il faut employer la force, déporter les principaux opposants sur la rive droite du Rhin, faire escorter de troupes les commissaires électoraux, en un mot, intimider et contraindre. Cependant le vote traîne jusqu'au 10 mars, et 125 localités au plus envoient des députés. La Convention rhénane se réunit le 17 mars. Les patriotes mayençais en étaient les maîtres. Le 18, elle décrète la déchéance de l'empereur et de tous les princes ou seigneurs exerçant la souveraineté entre Landau et Bingen. Le 21, elle proclame la réunion de l'Allemagne libre à la République française. Trois députés, aussitôt envoyés à Paris, sont présentés le 30 mars à la Convention, qui, séance tenante, décrète par acclamation les villes et communes de Mayence, Worms, Spire, etc., partie intégrante de la République française.

La réunion de la Belgique se fit, plus encore que celle de la province rhénane, sous l'empire de la contrainte[1]. Et pourtant les Belges, qui étaient excédés du joug autrichien, avaient accueilli les Français avec enthousiasme. La victoire de Jemapes (6 nov. 1792) livra toute la Belgique à Dumouriez. En moins d'un mois, il l'occupa complètement ainsi que le pays de Liège. Bruxelles reçut le général français comme le libérateur de la patrie. A Liège, l'ivresse de la joie fut à son comble. « *C'était*, dit Dumouriez, *une seconde nation française; les idées républicaines avaient le même caractère d'énergie et de raison.* » Partout on accueillit les Français les bras ouverts, en amis qui viennent délivrer le pays et le rendre à lui-même. Le Conseil exécutif avait proclamé que la Belgique ne devait ni craindre pour son indépendance, ni douter du désintéressement de la République française, et le manifeste de Dumouriez donnait les mêmes assurances. La Convention n'avait point alors dessein de conquérir la Belgique; elle voulait seulement l'appeler à la liberté.

Mais les Belges n'étaient pas mûrs pour cette liberté qu'on prétendait leur octroyer. Ils formaient une petite nation assez compacte, encore attachée à son ancienne constitution. Sauf dans

1. Voir pour l'annexion de la Belgique : Chuquet, *Jemapes et la conquête de la Belgique*. Paris, 1890.

quelques villes, les partisans des anciennes libertés et des États étaient bien plus nombreux que les démocrates. Aussi les élections administratives qui suivirent l'expulsion des Autrichiens furent-elles presque partout favorables aux *statistes*. Le peuple criait en même temps « *Vivent les Français et vivent les États* ». « La Révolution est bien loin « d'être faite dans le Brabant, écrivait Dumouriez, « et la cabale des prêtres et des États règne sur « les trois quarts du pays. »

Dumouriez et les modérés auraient voulu former une République batave indépendante, qu'ils jugeaient devoir être beaucoup plus utile pour la France qu'une Belgique annexée malgré elle. Cela ne faisait pas le compte des Jacobins, dont l'opinion prévalut. Le Comité de la guerre était à bout de ressources et la Belgique en possédait encore. Par le décret du 15 décembre, la Convention ordonna à ses généraux de proclamer la souveraineté du peuple, d'abolir les impôts et privilèges, de supprimer toutes les autorités établies. Le peuple sera convoqué en assemblées primaires ou communales pour organiser une administration et une justice provisoires. Nul ne pourra voter ou être élu sans avoir prêté le serment civique et avoir renoncé par écrit à ses privilèges. Tous les biens du fisc, du prince et de ses fauteurs ou adhérents, des établissements publics, des corps et communautés laïques et ecclésiastiques seront mis sous la sauvegarde de la République française. L'administration provisoire, nommée par le peuple, sera chargée de la surveillance de ces biens; elle pourra établir des contributions, pourvu qu'elles ne soient pas supportées par la partie indigente et laborieuse du peuple. Des commissaires nationaux, nommés par le Conseil exécutif, se rendront aussitôt en Belgique et se concerteront avec les généraux et administrateurs provisoires sur les mesures à prendre pour la défense du pays et l'entretien des armées. Tous les quinze jours ils rendront compte de leurs opérations au Conseil exécutif. L'administration provisoire cessera dès que les habitants auront organisé une forme de gouvernement libre et populaire.

De telles mesures préjugeaient la réunion et la rendaient inévitable. En vain la plupart des administrations municipales, entre autres les représentants démocrates de Bruxelles, protestent avec énergie contre ce décret « injuste, oppressif et destructeur... attentatoire à la souveraineté du peuple belge... contraire aux promesses solennelles et réitérées des administrateurs et généraux français ». En vain, les Belges essaient de former, pour défendre leur autonomie, une Convention nationale ; ils ne peuvent y parvenir. Les clubs, partout organisés, préparent la réunion. Elle est demandée d'abord dans le pays de Liège, où le peuple, plus avancé, la vote de plein gré. Mais ailleurs il faut enlever le vote de force, avec déploiement de troupes, sous la menace des clubs. Même, pour faire agir plus efficacement l'appareil de contrainte, le vote a lieu dans les différentes villes à des jours différents. Il se termine seulement dans les premiers jours de mars, et bientôt après la défaite de Neerwinden livre la Belgique aux armées autrichiennes. Ce n'est que deux ans plus tard, le 23 pluviôse an III, que ce pays fut déclaré partie intégrante de la République française.

Les quatre annexions de la Savoie, de Nice, de la province rhénane et de la Belgique, faites par la Convention de suite après son avènement, prêtent à de nombreuses observations. Bornons-nous à celles qui se rapportent immédiatement à notre sujet. En présentant ces annexions dans l'ordre chronologique, nous avons mis en évidence, par le seul exposé des faits, la déviation progressive qu'a subie, dans ses applications, l'idée fondamentale. Idée fraternelle et libératrice, dont la réunion de la Savoie offre une première et irréprochable réalisation. Dans l'annexion de Nice, il y a déjà tendance à exercer une contrainte; mais la Convention, encore pure dans ses intentions et correcte dans ses actes, rappelle ses agents au respect de la liberté d'option du peuple affranchi. Puis, dans la province rhénane, non seulement les agents de tout ordre menacent et intimident, mais la Convention prépare la réunion par des mesures législatives. Cependant, elle rassemble encore les délégués des assemblées primaires en une Convention rhénane chargée de statuer sur le sort du pays. Enfin l'annexion de la Belgique s'accomplit sans l'entremise d'aucune Convention nationale. Les électeurs sont directement consultés dans chaque commune et on s'arrange pour enlever le vote en empêchant les opposants d'y prendre part.

Ces diverses phases de la consultation populaire se sont succédé en moins de six mois, du commencement d'octobre 1792 au milieu de mars 1793. Les événements se précipitaient alors avec une telle violence, il se produisait des bouleversements si profonds, il se livrait des luttes si acharnées que toutes choses, hommes, doctrines, méthodes, s'usaient et se renouvelaient avec une rapidité vertigineuse.

Cependant, malgré le changement des méthodes, le principe des annexions territoriales n'a point varié. Il est resté pour le pays rhénan et la Belgique ce qu'il avait été pour la Savoie et pour Nice. La Convention et son Conseil exécutif jugeaient nécessaire, dans l'intérêt de la défense nationale, d'incorporer à la République les riches et populeuses contrées du Nord-Est. Ils connaissaient le mauvais vouloir des habitants. Le plus expéditif, dès lors, eût été de les annexer purement et simplement par droit de conquête, suivant l'usage immémorial. L'épuisement des ressources, l'imminence du danger, les inéluctables nécessités du combat pour l'existence, pouvaient excuser la transgression du principe au nom duquel avaient eu lieu les annexions de la Savoie et de Nice. Mais la Convention n'a pas voulu renier le droit des peuples à disposer d'eux-mêmes. Plutôt que de répudier la doctrine, elle a faussé l'application. Elle a mieux aimé tourner le principe que le renverser. Aussi bien a-t-elle, par là, rendu à ce principe l'hommage le plus significatif, celui que la paix armée rend à la véritable paix, celui que l'hypocrisie rend à la vertu.

Toutefois le principe des nationalités ne pouvait pas résister longtemps à de pareilles interprétations. Napoléon lui donna le coup de grâce en cédant, par les préliminaires de Léoben, la Vénétie à l'Autriche, malgré les instructions du Directoire. La saisie brutale et le trafic des provinces revenaient en honneur. L'Empire français se forma par droit de conquête; et la Sainte-Alliance, dont ensuite l'autorité s'étendit sur l'Europe, se montra bien autrement hostile que Napoléon à la reconnaissance du droit des peuples à disposer d'eux-mêmes. Elle ne leur accordait que le droit d'obéir et de servir. La masse des citoyens, exclue des collèges électoraux, cessa de prendre part aux affaires publiques.

II

LES PLÉBISCITES ITALIENS

La Révolution de 1848 remit en vigueur les doctrines de la Convention. En même temps qu'elle restaura la République, elle rétablit le suffrage universel, qui, dès lors, s'implanta définitivement en France. De là, il s'est répandu dans les autres pays, où il tend de plus en plus à prévaloir. Avec le suffrage universel ressuscita le droit des peuples à disposer d'eux-mêmes. Il ne pouvait en être autrement. Ce droit et ce suffrage procèdent d'un même principe, la souveraineté du peuple. Ils s'établissent, l'un amenant l'autre, partout où le peuple est vraiment souverain.

Bientôt la formation d'un grand État, par la vertu du plébiscite, manifesta de la manière la plus éclatante le recul des idées de la Sainte-

Alliance et le retour à celles de la Révolution. Il y a ceci de particulièrement notable dans cet événement capital qu'il fut amené par la force même des choses à son plein développement. Le traité de Villafranca, que Napoléon III avait brusquement signé sous la menace d'une guerre avec l'Allemagne, ne put produire ses effets. Le soulèvement des duchés et la fuite de leurs souverains avaient détruit par avance la Confédération de l'Italie centrale instituée par ce traité. Il aurait fallu rétablir par la force ces petits potentats déchus et déconsidérés, qui s'étaient sauvés à la première alerte. Personne ne s'en souciait, pas même l'Autriche, et la France s'y opposait en vertu de la clause de non intervention inscrite dans le traité.

Comment faire, dès lors, pour régler la situation des principautés du centre, régies par des gouvernements provisoires et bien résolues à s'unir aux provinces du Nord? Le cas était des plus embarrassants. Les grandes puissances se trouvaient en complet désaccord. Ni l'Autriche, ni la Prusse, ni la Russie ne voulaient entendre parler de vœux des populations, encore moins de droits des peuples. Elles ne reconnaissaient qu'un principe, celui de légitimité. L'Angleterre, qui s'efforçait de tourner à son profit les services rendus à l'Italie par la France, excitait les Italiens à ne faire qu'à leur tête. Enfin Napoléon III, partisan déclaré de la souveraineté du peuple, était lié ou, pour mieux dire, gêné par les stipulations de Villafranca; mais il ne demandait qu'à laisser les Italiens consommer par eux-mêmes l'union de leurs provinces, et il était convaincu que le fait accompli ne rencontrerait nulle part d'opposition insurmontable.

C'est au milieu de cet imbroglio que les Italiens, profitant de l'occasion que leur offrait la fortune, prirent sur eux d'aller de l'avant. Les triomphants plébiscites des 11 et 12 mars 1860 proclamèrent l'union de Parme, de Modène, de la Toscane et de l'Émilie avec le Piémont et la Lombardie; et Victor-Emmanuel ayant sanctionné ces plébiscites, les députés des provinces annexées se réunirent le 3 avril 1860 avec ceux de l'ancien parlement sarde pour ouvrir la première session du parlement italien. Le droit des peuples à disposer d'eux-mêmes recevait ainsi la plus haute consécration qu'il eût jamais obtenue.

Mais les effets du plébiscite ne se bornèrent point à ces premières annexions. Le 21 octobre 1860, la Sicile et le royaume de Naples votaient, à une immense majorité, leur annexion au royaume d'Italie, et il en était de même, le 30 no-

vembre suivant, pour l'Ombrie et pour les Mar-
ches. Six ans plus tard, les 21 et 22 octobre 1866,
un nouveau plébiscite consacrait l'union de la
Vénétie avec l'Italie. Enfin Rome et son territoire
achevaient, en s'agrégeant à l'Italie, au mois
d'octobre 1870, la fusion volontaire de toutes les
anciennes principautés en un seul État, qui s'éten-
dait, non plus seulement des Alpes à l'Adriatique,
selon le programme de 1859, mais des Alpes à la
mer Ionienne. Le plébiscite avait constitué légalement en Europe un État nouveau. A côté des
anciennes Puissances, formées féodalement par
droit de conquête ou d'héritage, prenait place
une nouvelle Puissance, qui procédait, en fait et
en droit, du vœu populaire.

Non seulement cet État s'était constitué de toutes pièces, sous la sanction du plébiscite, mais il
avait obtenu d'emblée, grâce à une telle consécration, une cohésion et une solidité vraiment
inespérées, que beaucoup d'anciens États n'ont
jamais connues. L'union de ces petits royaumes,
de ces duchés, de ces provinces, séparés jadis les
uns des autres par tant de dissentiments politiques
et de préjugés régionaux, s'était consommée
sans faire d'autres mécontents que les princes
dépossédés et les rares serviteurs qui leur étaient
demeurés fidèles. Elle s'était accomplie sans

amener les dommages matériels, les blessures d'amour-propre, les humiliations et les rancunes qu'entraîne nécessairement l'emploi de la force, sans laisser derrière elle, par conséquent, des germes de résistance et de révolte capables de la compromettre un jour.

La solution ne fut pas moins satisfaisante au point de vue de l'extérieur. La paix de l'Europe n'a été troublée que le moins possible par la formation du royaume d'Italie. Il y eut, sans doute, des actions militaires, mais on peut dire que leur rôle fut seulement de provoquer l'accomplissement de transformations nécessaires; et, comme elles ont amené des solutions définitives — autant du moins qu'il en peut exister de pareilles en ce monde — le trouble, qu'elles avaient produit, s'est aussitôt dissipé. Aucun État ne s'est senti menacé ni inquiété; aucun n'a augmenté ses armements. Même les puissances les plus hostiles au principe des nationalités ont accepté les faits accomplis sous l'empire de ce principe, parce que les vieilles et épineuses difficultés de la question italienne se trouvaient apaisées. Le remède dont ces puissances ne voulaient pas pour elles-mêmes leur parut bon pour la péninsule. Ainsi la paix de l'Europe, loin d'être compromise par la formation plébiscitaire du royaume d'Italie, s'en est trouvée, au contraire, mieux garantie pour l'avenir.

Tandis que l'Italie fondait son unité sur le vœu populaire, manifesté par le plébiscite, ce même vœu, pareillement exprimé, donnait à la France la Savoie et le comté de Nice. Les populations de ces provinces, consultées le 15 avril 1860 à Nice et le 22 avril en Savoie, votaient, à l'unanimité moins quelques voix, l'union avec la France.

Il est de mode aujourd'hui, soit en Allemagne, soit même en Italie, de faire peu de cas de ces plébiscites, qu'on représente comme entachés de corruption et viciés par la pression administrative. On paraît oublier qu'ils s'accomplirent sous le régime de l'ancienne administration sarde. On omet aussi de se rappeler le vote des militaires savoisiens et niçois, qui, présents sous le drapeau italien et votant dans leurs garnisons italiennes, à l'abri par conséquent de toute corruption ou pression étrangère, donnèrent, en faveur de la scission, les premiers 5847 oui contre 290 non, et les seconds 1200 oui contre 186 non. Et à ceux qui feraient valoir que ces militaires étaient tenus de déférer aux exhortations de leur souverain, il y aurait à répondre qu'un pareil loyalisme serait contre nature et, en définitive, plus outrageant que méritoire.

Mais à quoi bon reprendre une démonstration qui ne changera pas l'opinion des gallophobes de la Triple Alliance et qui, dans le même temps, n'apprendra rien et paraîtra complètement superflue à tout homme sans préventions? Ce qui est notable, ce qu'il faut retenir, c'est que de tous les territoires frontières conquis par la France depuis 1792, les seuls qu'elle possède aujourd'hui sont les deux provinces que des plébiscites, exprimant fidèlement le vœu populaire (ceux du pays rhénan et de la Belgique avaient été faussés), lui donnèrent dès la première application du suffrage universel à la libre constitution des nationalités. C'est que le suffrage populaire, après lui avoir donné ces provinces pour la première fois en 1792, les lui a rendues deux tiers de siècle plus tard, en 1860. Voilà qui est significatif et propre à faire hautement valoir les mérites du plébiscite, en opposant son action efficace et bienfaisante aux effets éphémères et désastreux de l'annexion par droit de conquête.

Le plébiscite, en définitive, a, comme par enchantement, formé et solidement formé ce royaume d'Italie qui, malgré tant d'invasions, de sang versé, d'efforts et de péripéties de toute sorte, n'avait pu se constituer depuis la chute de l'Empire romain. En même temps, il a rendu à la

France des provinces foncièrement françaises, que le régime féodal et l'hérédité dynastique avaient indûment rattachées à l'Italie. Il a donc exercé tout ensemble une action créatrice et une action réparatrice, et il a réalisé l'une et l'autre moyennant la moindre perturbation sociale, la moindre déperdition de ressources et le moindre sacrifice de vies humaines.

III

LA PRUSSE

ET

LES DOCTRINES PRUSSIENNES

On pouvait espérer que le merveilleux succès des plébiscites italiens de 1860 porterait à reconnaître, sans trop tarder, le droit des peuples à disposer d'eux-mêmes. C'est afin de hâter cette reconnaissance que, le 5 novembre 1863, Napoléon III convia, dans un [discours célèbre, les Puissances de l'Europe à se réunir en congrès. Il s'agissait d'assurer la paix en faisant disparaître les causes de conflit, *en ne s'opposant pas davantage aux légitimes aspirations des peuples, en ayant le courage de faire les sacrifices nécessaires.* Il s'agissait, en un mot, d'étendre à l'Europe la réforme qui avait si heureusement transformé et pacifié l'Italie.

La proposition ne fut point accueillie. Elle mettait en question les conquêtes et les traités, les spoliations militaires et diplomatiques; elle abolissait la prescription en matière de possession territoriale; elle ruinait les principes d'autorité et de légitimité sur lesquels étaient fondées la plupart des monarchies. Les souverains et les classes privilégiées repoussaient une réforme qui ébranlait leur domination et menaçait leur existence; et, d'autre part, soit impuissance, soit ignorance, les masses populaires n'étaient point capables de forcer la main à leurs gouvernants.

Mais, à défaut de l'acceptation officielle du principe des nationalités, on pouvait encore se flatter que la leçon donnée par les événements d'Italie ne serait pas sans produire de bons effets. Il semblait au moins qu'elle dût empêcher tout État européen de pratiquer désormais des annexions forcées, de passer outre à la volonté des populations quand une question d'extension territoriale viendrait à se poser.

Vain espoir! La Prusse s'est mise en travers du progrès et elle a entraîné l'Allemagne dans un mouvement rétrograde. Toute l'Allemagne cependant, y compris même la Prusse, avait reçu la bonne parole, la parole venue de France qui, depuis 1789, a fait de si grandes choses dans le monde. Malheureusement cette semence de liberté est trop souvent tombée, en Germanie, sur une terre aride; et, quand elle y a rencontré le bon sol, les autorités et la police, pareils aux oiseaux pillards, l'ont saisie et détruite. Aussi n'a-t-elle que de loin en loin donné quelques maigres récoltes prématurément arrachées. C'est une poignante histoire que celle des libéraux allemands, une histoire tissue de déceptions et de souffrances, dont Henri Heine a peint les vicissitudes en quelques touches saisissantes[1].

« Quand la Révolution, dit-il, se gonflait chez vous, à Paris, quand elle y rugissait et frappait, les cœurs allemands résonnèrent et murmurèrent chez nous.... Hélas! cette sympathie révolutionnaire tourna fort mal pour nos pauvres prédécesseurs.... Heureusement Napoléon et les Français s'empressèrent de nous vaincre.... Mais les libéraux allemands, trop républicains pour courtiser Napoléon, trop généreux pour s'allier avec la domination étrangère, s'enveloppèrent dans un profond silence. Quand Napoléon tomba, on les vit sourire, mais de mélancolie; ils savaient ce qu'ils

1. Henri Heine, *De l'Allemagne*, nouvelle édition. Paris, 1878, p. 102 et suiv.

savaient et ils se turent.... A la Révolution de Juillet, nous vîmes, à notre grande surprise, ces vieux originaux, qui avaient toujours apparu courbés et taciturnes, relever la tête, sourire amicalement à nous autres jeunes gens, nous serrer les mains et conter de joyeuses histoires... même l'un d'eux nous enseigna la *Marseillaise*. Il est toujours heureux que de semblables têtes grises restent en vie pour apprendre les chants aux jeunes gens. Nous ne les oublierons pas et quelques-uns d'entre nous les feront chanter aux petits-fils qui ne sont pas encore nés; mais beaucoup de nous auront alors pourri, soit dans les cachots de l'Allemagne, soit dans les mansardes de l'exil. »

Triste prophétie! qui ne s'est que trop réalisée! 1830 avorta, et 1848, si riche en promesses, avorta de même; et les fils, puis les petits-fils des contemporains de Heine, ont continué d'espérer, d'être déçus et de souffrir. Le Dr Jacoby et ses compagnons étaient sûrement de leur lignée. Ils s'avisèrent à Kœnisberg, de suite après Sedan, de protester avec toute l'énergie de leurs convictions démocratiques *contre l'annexion de l'Alsace-Lorraine, contre toute violence exercée sur les Alsaciens-Lorrains, contre toute violation du droit de disposer de soi-même que possède chaque peuple.*

Aussitôt le général Vogel de Falkenstein les jeta en prison et les y tint enfermés, sans jugement ni interrogatoire, jusqu'à ce qu'il lui plût de les relâcher[1]. Le même traitement et des souffrances encore plus pénibles furent imposés dans le même temps par le même général à six habitants de Brunswick et à d'autres Allemands de Wolfenbuttel, Harburg, Hambourg, Zelle, Gotha, etc. Ils étaient coupables d'avoir publié ou répandu un manifeste de Karl Marx, où l'annexion de l'Alsace-Lorraine était sévèrement réprouvée, comme devant instituer en permanence la guerre avec la France, perpétuer le despotisme militaire en Allemagne, et amener un jour, au grand péril du nouvel Empire, une alliance de la France avec la Russie[2].

Ainsi les libéraux allemands ont misérablement échoué dans leurs tentatives d'affranchissement. Au lieu de libertés, ils n'ont gagné que des rebuf-

1. Le récit de cet épisode, donné par le *Times* dès septembre 1870, a été réimprimé par Mme de Suttner, l'infatigable champion du droit contre la force. Il a paru dans la revue *Die Waffen Nieder*, en octobre 1895, juste au moment où le jubilé des victoires allemandes battait son plein. Plusieurs journaux de l'Allemagne du Sud l'ont aussitôt réproduit.

2. C'est également à propos du jubilé de Sedan qu'a paru dans la *Neue Zeit* (numéro 48, 1894-95, p. 673 et suiv.) le récit de ce second épisode. Les prévisions de Marx se sont réalisées avec une exactitude extraordinaire.

fades et des coups. Leur insuccès, la résistance
au progrès démocratique tiennent à deux causes :
la prédominance de la Prusse en Allemagne; la
prépotence du parti féodal en Prusse.

Au point de vue matériel, la position géogra-
phique de la Prusse, l'étendue de son territoire et
le nombre de ses habitants; au point de vue moral, sa qualité de puissance presque entièrement
allemande, la vigueur de son organisation militaire et administrative, surtout l'inoubliable ser-
vice qu'elle rendit aux Allemands dans la lutte
finale contre Napoléon, la désignaient pour tenir
la première place en Allemagne.

Malheureusement, elle était aussi, de tous les
États allemands, le plus despotique, le plus féodal, le plus réfractaire aux idées de liberté et
d'égalité. C'est que toutes les classes dirigeantes,
même les plus cultivées, celles qui instruisent les
autres, y étaient fermement attachées à l'absolutisme. Sur ce sol rebelle au progrès, l'étude de
l'histoire et de la philosophie n'humanise point
les idées, n'élargit point les cœurs et n'adoucit
point les mœurs. Elle a pour objet d'exalter
l'orgueil et l'égoïsme national : elle stimule les
haines de race; elle consacre le culte de la force.
On lui donne pour fin, non de faire des hommes,
mais de fabriquer des Prussiens.

Avec les intentions les plus pures et les visées
les plus nobles, Fichte, l'illustre philosophe et le
grand patriote, contribue puissamment à ce résultat. Après Iéna, la Prusse du grand Frédéric
s'était lamentablement effondrée. Avec elle, si.
elle sombrait définitivement, sombrait aussi
l'Allemagne. Il s'agissait de ressusciter la Prusse,
de lui rendre confiance en elle-même, de lui donner le courage de lutter et la puissance de
vaincre. Il fallait la régénérer d'abord morale-
ment. C'est à cette tâche que s'applique Fichte
dans ses *Discours à la nation allemande*, prononc-
cés à Berlin sous l'occupation française pendant
l'hiver de 1807 à 1808[1].

Pour enflammer ses compatriotes, Fichte exalte
les vertus de leur race et la grandeur de sa des-
tinée. Avant lui déjà les premiers zélateurs de la
culture allemande avaient désigné le courage et la
fidélité comme les qualités maîtresses du caractère
germanique; ils avaient représenté la langue
allemande comme incapable de se plier au men-
songe, comme l'organe incorruptible de la vérité, tandis que les langues romanes sont mer-
veilleusement propres à la duplicité. Fichte va
bien plus loin. Pour lui, le peuple allemand, seul

1. *Discours à la nation allemande*, traduits pour la
première fois en français par Léon Philippe. Paris, 1895.

parmi les peuples d'origine germanique, parle une langue vivante, parce qu'il parle encore sa langue originelle; les peuples néo-latins parlent des langues mortes. De là, pour la race allemande, une immense supériorité. Seule elle est restée jeune et créatrice; seule elle possède les caractères d'une race primitive et le droit de s'appeler le peuple à l'exclusion des autres races. — L'Allemand seul, parce qu'il appartient à une race vivante, a une vraie patrie; il est seul capable d'un amour raisonnable et personnel envers sa nation. — Comme Arminius et ses Germains, tout véritable Allemand doit vouloir vivre seulement pour être Allemand et préparer les siens à une pareille vocation. — « Vous, Allemands, êtes celui de tous les peuples modernes qui avez le mieux conservé le germe de perfectibilité du genre humain. Si vous disparaissiez, le genre humain perdrait tout espoir de salut. »

Il fallait que le moral de la nation prussienne fût tombé bien bas pour que Fichte, qui était un esprit avancé et qui se montrait cosmopolite avant 1806, en vînt à professer de telles maximes. Il a voulu fanatiser ses concitoyens. Mais ce n'est pas impunément qu'on pousse au paroxysme l'orgueil d'une nation. Il règne en Allemagne, depuis cette époque, un chauvinisme profond et étroit, bien autrement dangereux que le chauvinisme vaniteux et superficiel des Français; un chauvinisme plein de vénération et d'indulgence pour tout ce qui est allemand, plein de haine et de mépris pour tout ce qui est étranger et spécialement néo-latin.

Un bon Allemand distingue les vertus en deux classes, celles des Allemands et celles des autres peuples, les premières infiniment supérieures aux secondes. Quand il parle du courage allemand, de la loyauté allemande, de l'ingénuité allemande, de la moralité allemande, etc...., et Dieu sait s'il en parle! il s'agit pour lui de qualités poussées à leur suprême limite, élevées à un degré que le reste de l'humanité ne saurait atteindre. Même ce qui passe pour vice ou défaut auprès des autres hommes devient louable chez un Allemand à ses propres yeux. La lourdeur allemande n'est-elle pas une très estimable forme de l'honnêteté? et la fureur allemande une très sainte colère? Jamais, sans doute, pareille bouffissure d'orgueil ne s'était élevée parmi les nations civilisées. Jamais, sauf peut-être chez le peuple juif, pareille infatuation ne s'était emparée d'un des membres de la famille humaine.

Nous en sommes profondément écœurés, nous,

Alsaciens-Lorrains, qui avons constamment sous les yeux le spectacle de cet insupportable orgueil. Et nous savons aussi, par une dure expérience personnelle, ce qu'une telle infatuation peut causer de tourments et de misères. N'est-ce pas, en fin de compte, à cette imperturbable suffisance, à l'égoïsme qu'elle développe et à la dureté qui en dérive, qu'il faut attribuer la capture de l'Alsace-Lorraine, l'oppression systématique de cette malheureuse province, le dédain de ses sentiments, le mépris de ses revendications, l'ardeur à la germaniser, en un mot, toutes les plaies dont elle souffre depuis vingt-cinq ans? Pour que, sur la fin du xixe siècle, un peuple ait osé rétablir, au centre de l'Europe, une nouvelle Vénétie, prise et gardée de force, il faut, en vérité, que ce peuple soit devenu fou d'orgueil.

Mais, pour qu'un tel forfait ait pu être commis, il était nécessaire que l'esprit d'arrogance, dont il est le fruit, prît corps dans une doctrine positive, capable de se répandre dans la nation, de la pénétrer et de la diriger tout entière, peuple et gouvernants, vers une si néfaste entreprise. Jamais, sans le secours d'une éducation publique fondée sur une pareille doctrine, les idées de liberté et de progrès que la Révolution française avait répandues en Allemagne, n'auraient pu être refoulées assez complètement pour qu'un tel acte de violence devînt possible.

Cette doctrine funeste, un autre grand philosophe, un philosophe encore plus grand que Fichte, le Souabe Hegel l'a exposée dans sa *Philosophie du Droit*[1]. Hegel était conservateur allemand, du parti des Princes, hostile aux droits des peuples et des parlements. L'idéal de l'État se rencontre, pour lui, dans l'État prussien.

L'État est le rationnel en soi et pour soi, la réalité absolue. Il a le droit suprême en face des individus. Il existe, comme la nature, de par la raison supérieure des choses; il est divin dans son essence.

La forme supérieure de l'État est la monarchie constitutionnelle. Elle ne repose pas sur la souveraineté du peuple. Le souverain est le monarque héréditaire. Il décide de la paix ou de la guerre, commande les armées, dirige la politique extérieure, gouverne à l'intérieur à l'aide de ministres et de fonctionnaires qu'il choisit. Le pouvoir législatif comprend : le Prince, les Conseils de la Couronne, les États (le Parlement).

---

1. *La philosophie du Droit* n'a pas été traduite en français. M. Lévy-Bruhl en a donné le résumé dans un chapitre de son très utile et très intéressant ouvrage : *L'Allemagne depuis Leibniz*. Paris, 1890.

Sans États, la masse populaire reste inorganique, atomistique. Avec eux, les sentiments populaires se font jour, d'où résulte une double utilité : ils servent de contrôle et d'exutoire.

Le Parlement se compose de deux Chambres : la Chambre des Seigneurs et la Chambre des Députés. L'élection au suffrage universel est une conception abstraite et fausse. Peu importe le mode d'élection, pourvu que les représentants se trouvent à peu près désignés d'avance par leur passé et leur situation. Au fond, le Parlement a voix consultative, non délibérative. Le monarque prend son avis pour s'éclairer. Il a un droit supérieur ; il personnifie l'État.

Passant aux rapports des États entre eux, Hegel traite d'utopie l'idée d'une paix universelle et perpétuelle caressée par Kant. La guerre, déclare Hegel, est nécessaire par la force des choses, donc rationnelle, c'est-à-dire divine. Elle est indispensable à la santé morale des peuples ; elle les empêche de s'endormir et de se pétrifier. Elle est une condition de progrès dans l'histoire. Souvent les peuples en sortent fortifiés. Elle est parfois le seul moyen d'établir la paix intérieure et de fonder l'unité de la nation.

La guerre n'a pas besoin d'être justifiée par le droit de légitime défense. Elle n'est pas un mal ;

elle est un facteur nécessaire de l'évolution de l'Idée. C'est une duperie d'opposer ce qui devrait être à ce qui est.

Au-dessus de l'État, il n'y a rien. L'État est la force absolue sur la terre. Il n'y a donc point de tribunaux pour les États (à moins que ces États ne consentent de plein gré à un arbitrage). Leurs différends ne peuvent être réglés que par la force. Le principe de la justice de la guerre et des traités, c'est l'intérêt de l'État. La morale de l'État, c'est la raison d'État, qui n'a rien de commun avec la morale des individus.

L'Évolution, le progrès de l'Idée s'accomplit à travers les luttes, les triomphes et les désastres des nations. La guerre, la violence, l'oppression sont les instruments nécessaires de cette évolution. Ceux qui triomphent dans la lutte pour la vie ne triomphent pas par hasard. Ils méritent la victoire. Le peuple chez lequel se réalise, à une époque donnée, la plus haute expression du développement de l'Idée, a contre tous les autres un droit absolu, et les autres sont sans droit contre lui. Les peuples dont l'époque est passée ne comptent plus. A la période latine a succédé la période germanique.

Il suffit d'avoir présenté ce court résumé de la doctrine de Hegel, pour faire paraître l'immense influence exercée par cette doctrine sur le développement des idées pŏlitiques en Allemagne et particulièrement en Prusse. Le système de Hegel est celui de l'État prussien. Le monarque de Hegel est le roi de Prusse, le roi qui refuse, en 1849, la couronne impériale, offerte par le parlement de Francfort, parce qu'il ne sied point à un souverain de tenir sa couronne d'une assemblée, le roi qui réunit en un tout indissoluble son peuple, son armée, sa personne. La monarchie constitutionnelle de Hegel est celle où un Bismarck, se querellant avec le parlement et se plaignant des empiétements des députés, peut dire très justement à ces députés : « Je suis ministre pour exécuter les ordres du roi, mon maître. Je ne dois de comptes qu'à lui. A vous, je ne dois que des explications. »

L'État idéal de Hegel est celui où un Moltke, d'accord avec les chefs et la plus grande partie de la nation, peut proclamer la nécessité de la guerre, en vanter les bienfaits et la justifier par la considération qu'elle était indispensable pour unifier l'Allemagne ; où l'on estime que la victoire a conféré à l'Allemagne un droit absolu contre la France ; où l'on juge que l'annexion de l'Alsace-Lorraine, et la réduction de cette province en glacis de l'Allemagne, sont pleinement légitimées

par l'intérêt de l'État, par la raison d'État, qui
n'a rien de commun avec la morale des individus;
où le droit de conquête est tenu pour sacré quand
il s'exerce au bénéfice de la nation *qui accomplit
le développement de l'Idée*, c'est-à-dire de la
nation germanique; où le triomphe de la Force
au profit de cette nation se confond avec le
triomphe de la Justice.

IV

L'UNIFICATION DE L'ALLEMAGNE

Rarement une doctrine politique s'est traduite en faits plus rigoureusement que celle de Hegel. On vient de voir que les trois fondateurs du nouvel empire allemand, Guillaume Ier, Bismarck et Moltke, l'ont, chacun pour sa part, strictement appliquée. Même la concordance fut, en général, si complète entre la théorie et la pratique qu'on peut bien, sans d'ailleurs faire tort à Hegel, le tenir moins pour un créateur que pour un révélateur et un coordonnateur. Sans doute les éléments de sa doctrine préexistaient dans la nation. Hegel les rapprocha les uns des autres et les forma en système.

Mais notre tâche n'est point d'étudier les origines de ce système. Nous avons à le comparer au système français. Prenons-le donc tel quel et

mettons en parallèle les deux doctrines. On voit
tout de suite qu'il y a entre elles, au point de vue
des principes, une opposition absolue. En effet,
la souveraineté royale, héréditaire et personnelle,
et le droit de conquête, admis en Prusse, sont
directement contraires à la souveraineté du peuple
et au droit des nations de disposer d'elles-mêmes,
reconnus en France. De chaque côté, d'ailleurs,
l'accord est complet entre le principe de la politique intérieure et celui de la politique extérieure.
Là où le roi, personnifiant la nation, décide de
toutes choses, la faculté de disposer arbitraire-
ment d'un territoire acquis par les armes, c'est-à-
dire le droit de conquête, se trouve aussi légitime
que l'est le droit des peuples à disposer d'eux-
mêmes là où le peuple détient la souveraineté.

La question toutefois n'est pas de savoir jusqu'à
quel point chaque système, pris en soi-même, est
logiquement ordonné. Elle est de reconnaître dans
quelle mesure ce système répond aux idées et
aux besoins de notre époque. C'est à ce point de
vue qu'il faut établir la comparaison entre les
deux doctrines, en jugeant autant que possible
de la valeur de chacune d'elles par le critérium
le plus certain et le plus significatif, c'est-à-dire
par les résultats qu'elle a produits dans le
domaine des faits.

Déjà nous avons fait cet examen pour le système français. Nous avons suivi les progrès de l'application du suffrage populaire à la constitution des nationalités ; et la formation du royaume d'Italie, accompagnée du retour à la France de la Savoie et du comté de Nice, nous a fourni un éclatant témoignage en faveur du plébiscite. Nous avons vu que, par la vertu de ce plébiscite, les immémoriales et inextricables difficultés de la question d'Italie se sont dénouées comme par enchantement, et que, par une transformation presque miraculeuse — car elle fut bien acceptée de toutes les monarchies d'ancien régime, et même de l'Autriche — le pays le plus morcelé, le plus troublé, le plus menaçant pour le repos de l'Europe, est devenu, sans secousse ni inquiétude pour autrui, non seulement l'un des États les plus solidement assis, mais encore, sauf l'accès de folie des grandeurs dans lequel il est tombé depuis quelques années, un élément considérable de paix et de progrès.

Qu'on regarde maintenant ce qui s'est passé en Allemagne. Les conditions y étaient bien meilleures pour l'unification du pays. Des différences d'institutions, de mœurs et d'intérêts n'y avaient pas été créées, comme en Italie, par d'incessantes conquêtes et des occupations prolongées, venant de tous les pays d'alentour, Allemagne, France, Espagne, États barbaresques. L'Allemagne possédait en outre l'avantage d'avoir été présidée pendant dix siècles par des empereurs et d'avoir, par suite, pris la longue habitude de certaines sujétions et de certaines déférences vis-à-vis d'une autorité centrale. Aussi bien n'avait-elle point à inventer cette autorité, à la former de toutes pièces; il suffisait qu'elle la reconstituât en l'accommodant aux nouveaux besoins.

Cependant il n'est pas douteux que, malgré ces avantages, l'Allemagne ne soit à tous égards moins bien unifiée que l'Italie. L'esprit de particularisme y est resté bien plus fort et plus tenace que dans la péninsule. La plupart des anciennes principautés se sont conservées. Elles subsistent à la satisfaction des habitants, qui sont attachés à leurs régimes traditionnels, et par suite à leurs rois ou grands-ducs, dont le maintien est la seule raison d'être de ces régimes particuliers. Aussi la Prusse a-t-elle, malgré son énorme prépondérance, beaucoup plus de peine que n'en a eu le Piémont à donner à l'organisation générale l'unité nécessaire. A chaque instant s'éveillent des susceptibilités et s'élèvent des conflits qui provoquent dans la presse d'âpres récriminations et de virulentes polémiques; d'autant que la morgue prussienne, infiniment plus irritante que la raideur piémontaise, n'est pas pour apaiser les querelles et mettre du baume sur les blessures d'amour-propre. Toutefois ces disputes de ménage seraient assez peu dangereuses si tout le monde s'entendait sur l'objet essentiel, c'est-à-dire sur la nécessité et sur l'avantage de rester unis.

Mais voilà ce qui n'existe pas en Allemagne. Le Parlement de l'empire ne contient pas seulement une opposition anticonstitutionnelle, il renferme aussi une opposition antinationale. Il n'y a pas moins d'une trentaine de députés du Reichstag, soit un douzième de l'assemblée, qui représentent des populations toutes prêtes à se séparer avec bonheur de l'empire d'Allemagne. Nombre d'Allemands ne sont tels qu'à leur corps défendant. Rien de pareil en Italie. Malgré les tristes conditions économiques du royaume, la misère du bas peuple, la détresse financière, malgré les dissentiments politiques, les échecs militaires, les troubles et les émeutes, en dépit même des manifestations antidynastiques, nul ne songe à revenir sur le pacte d'union contracté entre les populations des anciennes principautés.

D'où vient cette dissemblance essentielle entre l'unité allemande et l'unité italienne? De ceci, évidemment, que celle-ci, fondée sur le plébiscite, est librement consentie, tandis que celle-là, faite à coups de sabre, repose sur le droit de conquête. La contrainte peut rapprocher les hommes en apparence; au fond, elle augmente la distance qui les sépare. Ce n'est que par la libre expression des sentiments que peut s'établir une sincère et solide union.

Mais le roi de Prusse ne l'entend pas ainsi. Survivant d'un autre âge, il tient pour le droit de conquête. Jaloux de rester seul maître dans l'État, il ne veut rien devoir qu'à lui-même. Recevoir quelque chose d'autrui, tenir quelque accroissement de puissance ou de territoire de la volonté du peuple, serait pour lui un amoindrissement, une humiliation et, pour ainsi dire, un délit de lèse-majesté commis par lui-même contre lui-même. Car si le peuple peut donner, il peut aussi retirer, et alors adieu l'absolutisme, la légitimité... et le roi de Prusse! Or il n'y a qu'une manière d'acquérir sans recevoir d'autrui; c'est de prendre à autrui. Et c'est ce qu'a fait la Prusse, de 1864 à 1871, en Danemark, en Allemagne et en France. Tout ce qu'elle a gagné : le Schleswig-Holstein, le Hanovre, les duchés de Nassau et de Hesse-Cassel, Francfort, la mise de l'Autriche hors de l'Allemagne, l'assujettissement de tous les États allemands, les milliards de la

France, l'Alsace-Lorraine, elle l'a conquis à la pointe de l'épée.

Quoi d'étonnant à ce que, suivant le témoignage public du maréchal de Moltke, l'unité allemande n'existât pas encore en 1870 ? Les tueries et les spoliations prussiennes de 1866 n'étaient pas faites pour provoquer les sympathies et rapprocher les cœurs. Dans tout autre pays que l'Allemagne, on se fût avisé d'apaiser les rancunes et de faire naître l'union en introduisant des mesures libérales, en associant davantage les populations à la gestion des affaires publiques et au soin des intérêts communs. La Prusse s'est bien gardée d'adopter ce parti. Incorrigiblement attachée à l'emploi de la force, elle a mieux aimé entreprendre une nouvelle guerre, cette guerre de France, dont Moltke a pu dire, parlant au Reichstag, que, suivant toute probabilité, elle n'aurait pas eu lieu si l'unité de l'Allemagne avait été faite. C'était convenir que si l'Allemagne avait alors formé une nation homogène, il n'y aurait eu ni Hohenzollern prétendant au trône d'Espagne, ni dépêche d'Ems tronquée par Bismarck, ni Alsace-Lorraine arrachée à la France.

Tout cela fut voulu par la Prusse. La prise de l'Alsace-Lorraine eut un double but. La conquête associa tous les Allemands dans une puissante action militaire. La conservation de cette conquête les maintient unis par l'obligation de persévérer dans l'effort commun. Elle les oblige, comme le leur a dit Moltke, à monter la garde ensemble sur les bords du Rhin pendant un demi-siècle. Et l'unification de l'Allemagne pourra s'accomplir ainsi à la prussienne, sans concession de la part du souverain, par l'opération du sabre et la vertu de la caserne[1].

1. Malgré les protestations pacifiques venant de Berlin, les goûts et les appétits prussiens sont toujours les mêmes, si l'on s'en rapporte à l'article de M. Rudolf Martin, paru au mois de février dernier, dans les *Preussische Jahrbücher*, sous le titre : *Salaires plus élevés et canons plus nombreux*, et résumé comme il suit par la *Revue encyclopédique* :

L'Allemagne est tenue de résoudre parallèlement la question sociale et la question nationale.

La solution de l'une amène la solution de l'autre. La supériorité en armements et en effectifs de guerre doit assurer à l'Allemagne la prééminence industrielle, commerciale et intellectuelle en Europe. Le peuple allemand doit posséder la plus grande somme de bien-être économique et moral. Il faut relever les salaires (plutôt par des moyens indirects que directs), et en même temps renforcer la marine de guerre et l'artillerie jusqu'à l'extrême limite du possible. Encore des canons! et, chaque fusil ne visant qu'un individu, des mitrailleuses à la place des fusils!

Au besoin s'il faut de l'espace, de la terre, des colonies, on les trouvera : l'Asie Mineure et l'Afrique du Sud conviennent admirablement à l'expansion allemande. L'Alsace-Lorraine, *dont le grand mérite est de tenir en éveil l'ins-*

Oh! la triste unification que celle qui consiste à rapprocher des hommes par les rôles de geôlier et de factionnaire, exercés en commun vis-à-vis de prétendus concitoyens! C'est l'unification tronquée, menteuse, décevante, obtenue dans la contrainte et par la consigne.

De fait, le roi de Prusse, empereur d'Allemagne, ne se fie qu'à cette consigne. Il se méfie de ses sujets civils. A peine les a-t-il admis à prendre part aux récentes fêtes jubilaires de la fondation de l'Empire, comme s'il avait voulu leur signifier, par cette quasi-exclusion, que l'Empire est en

tinct belliqueux du peuple allemand, ne suffit plus. Les démocrates font un faux calcul en se déclarant hostiles à la guerre, le père nourricier de tous les biens. S'ils triomphaient de l'aristocratie et des classes dirigeantes, « ils seraient hachés en saucisses par les Russes et par les Français. Athènes, Rome et la France révolutionnaire furent des démocraties guerrières, et la démocratie allemande doit se pénétrer de leur esprit belliqueux pour consolider l'unité nationale sur les champs de bataille étrangers.

Un peuple militaire doit être monarchique; il doit refouler l'élément révolutionnaire, accorder au gouvernement une confiance absolue, et se préparer aux conflits de races et aux compétitions d'intérêts qui, dans le siècle à venir seront le prélude d'une guerre universelle, tout au moins de l'Europe contre l'Asie orientale.

Donc, encore des soldats, encore des canons!

C'est la pure doctrine des Junker, la théorie du brigandage en grand exercé par les peuples sous la conduite de leurs souverains légitimes et absolus.

dehors et au-dessus d'eux, qu'il n'a pas été fondé par eux et qu'il n'a pas besoin de leurs suffrages pour exister. Ce souverain n'a pleine confiance que dans ceux de ses sujets qui portent l'uniforme et qui lui ont personnellement juré fidélité, dans les hommes qui ont pour devoir formel : à l'intérieur de l'Empire, l'obéissance passive au chef suprême, jusqu'au point de fusiller, s'il le commande, leurs pères et leurs frères ; à l'extérieur, l'obligation de donner leur sang et leur vie pour conserver à l'Empereur, immuable sur son rocher de bronze, les conquêtes de ses prédécesseurs.

V

LA PAIX ARMÉE

C'est sous l'empire de ces principes que s'accomplit le développement moral et social de l'Allemagne. L'absolutisme et le militarisme président à cette évolution, et les résultats obtenus sont dignes d'un tel patronage. Cependant Fichte et Hegel assurent que la tâche de conduire l'humanité dans la voie du progrès est maintenant échue à la race germanique. S'ils ont dit vrai, il faut convenir que les autres nations, en prenant cette race pour guide, n'ont pas eu la main heureuse.

Elles n'ont même pas eu besoin, pour s'en convaincre, de regarder ce qui se passe en Allemagne. Il suffit qu'elles portent les yeux sur elles-mêmes. Les maux qui leur viennent des Allemands sont assez graves pour emporter condamnation de ceux qui les ont introduits. Ils s'appellent en deux mots : la paix armée. C'est par l'avènement de la paix armée que s'est manifestée la mission de la race germanique. C'est à ce résultat qu'ont abouti les théories politiques de Hegel et les efforts combinés des Junker et des professeurs prussiens. C'est par ce résultat qu'il faut juger définitivement les œuvres et les doctrines de ceux qui se disent les guides de l'humanité.

Ce que vaut cette paix armée, nous ne le savons que trop. La jeunesse valide, enrôlée, casernée, apprenant, dans les garnisons, à délaisser la campagne pour la ville. Le meilleur des forces et des ressources du pays employé à préparer la guerre ; les forteresses agrandies, machinées, cuirassées ; les canons, les fusils, les cartouches sans cesse perfectionnés et renouvelés ; des chemins de fer construits à grands frais, sans utilité pour l'industrie et le commerce ; toutes les nations obligées de s'armer jusqu'aux dents, les grandes pour maintenir leur rang, les petites pour défendre leur neutralité et peut-être leur existence ; des sommes immenses dépensées pour porter au plus haut point de puissance et de vitesse l'effort militaire de chaque pays ; les emprunts succédant aux dettes et les dettes aux emprunts ; les populations surchargées d'impôts, lasses de payer, inquiètes de l'avenir, fatiguées d'un régime si onéreux et dégoûtées des autorités sociales, immobiles dans leurs préjugés, qui ne font rien pour porter remède à de tels maux; en définitive, la ruine, la misère et, marchant à grands pas derrière elles, le socialisme; les haines de classes s'ajoutant aux haines de races.

Tels sont, exprimés sommairement, les effets de la paix armée, de cette paix oppressive qui s'est étendue sur l'Europe comme une accablante nuée d'orage, depuis le jour où l'Allemagne a pris de vive force l'Alsace-Lorraine. Tel est le lamentable résultat amené par l'exercice du droit de conquête.

Donc les faits ont prononcé. Le système allemand est jugé et irrémissiblement condamné, et il n'y a qu'un moyen de guérir les plaies profondes qu'il a produites : c'est de recourir au système opposé, à la méthode française, de régler par le plébiscite les questions de nationalité, d'inviter l'Alsace-Lorraine à décider elle-même de son sort.

Pendant quelque temps les États de l'Europe ont laissé aller les choses sans rien dire. Les maux de la paix armée ne se manifestaient et ne s'aggravaient que peu à peu. Mais ils ont fini par devenir intolérables, et les plaintes se sont alors élevées de toutes parts. Il y a plusieurs années qu'elles se font entendre, d'abord en Allemagne, par la voix des socialistes, puis en Angleterre, en Espagne, en Italie, en France, par celle de bons citoyens dévoués à la cause populaire et amis de la paix. Les petits États, la Suisse, la Belgique, le Danemark, la Hollande, n'ont pas été les moins ardents à protester contre un régime qui leur fait perdre le bénéfice de leur faiblesse, en les obligeant à se protéger eux-mêmes à grand'peine et à grands frais. L'Autriche, même dans sa partie allemande[1], a suivi ce mouvement, qui s'est enfin propagé jusqu'en Suède[2] et en Russie[3]. Il n'y a plus maintenant de

---

1. Voir le remarquable article publié par Mme la baronne de Suttner dans la *Revue des Revues* (numéro du 1er juin 1895), sous le titre : *L'Alsace-Lorraine et le mouvement pacifique.*

2. Dans un article paru au commencement de cette année, et dont il est rendu compte dans le *Journal des Débats* du 21 janvier, le *Stockolms Dagblad* exprime le souhait que, pour le repos de l'Europe, l'Alsace-Lorraine fasse retour à la France.

3. Il y a déjà quelques années que, dans des écrits considérables, publiés en France (*Les luttes entre sociétés humaines*), Paris, 1893. — *Les gaspillages des sociétés modernes*, Paris, 1894. — *La guerre et ses prétendus bienfaits*, Paris, 1894. — *La Question d'Alsace-Lorraine*, parue dans la *Nouvelle Revue* du 15 juillet 1895), M. Novi-

pays en Europe où l'on ne réprouve et maudisse publiquement la paix armée, où on ne lui donne pour cause principale la capture de l'Alsace-Lorraine, et où l'on ne trouve odieux de souffrir les misères qu'elle engendre parce qu'il plaît à l'Allemagne de parfaire son unité le sabre au poing et la mèche allumée.

L'opinion publique européenne, d'abord favorable à cette puissance, s'est peu à peu retournée contre elle, et ce que l'Allemagne, défenseur obstiné du droit de conquête, perd ainsi dans l'opinion, profite à la France, champion du droit des peuples à disposer d'eux-mêmes. L'Allemagne

cow, d'Odessa, vice-président de l'Institut international de sociologie, plaide, avec autant de chaleur que de raison, en faveur de la reconnaissance du droit des peuples à disposer d'eux-mêmes et de la solution par le plébiscite de la question d'Alsace-Lorraine. En outre, la cause des Alsaciens-Lorrains vient d'être défendue, en langue russe, par M. le comte Kamarovski, qui a donné, dans le *Messager du Nord* (octobre 1895), un important article intitulé : *La Question d'Alsace-Lorraine*, reproduit en français par l'*Europe nouvelle* du 1ᵉʳ janvier 1896. M. Kamarovski, cherchant une solution pratique, propose de faire de l'Alsace-Lorraine un État indépendant et neutre. Tout récemment, un article des *Novosti*, analysé dans le *Jour* du 26 février dernier, conclut en faveur, soit de la précédente solution, soit même du règlement par le plébiscite de la nationalité des Alsaciens-Lorrains. De tels articles sont d'autant plus à remarquer que la presse russe est soumise à une surveillance préventive ou répressive.

toutefois ne veut rien céder ; elle prétend rester immuable dans le *statu quo*, comme si le *statu quo* existait en ce monde. Aussi bien les *Novosti* de Saint-Pétersbourg lui font observer que, « *dans le domaine de la politique, il n'existe rien d'immuable* » et que « *tous les États ont éprouvé l'influence du temps et ont été maintes fois obligés de prendre, en ce qui concerne leurs relations étrangères, des décisions qu'ils auraient cru eux-mêmes impossibles* ». Tandis que la presse russe donne aux Allemands cet avis plein de philosophie, la presse anglaise, commentant les derniers événements d'Afrique et d'Europe (*Daily Telegraph* et *Times* des 6 et 7 mars), estime qu'ils sont très favorables à la politique de la France et de la Russie et qu'ils pourraient bien avoir pour conséquence le retour de l'Alsace-Lorraine à la France. Ainsi l'idée que ce retour est désirable et possible est dès à présent accréditée ; et la promptitude de ses derniers progrès permet d'espérer qu'elle acquerra bientôt une force irrésistible. Car les courants d'opinion sont lents à se former ; mais du jour où ils ont pris corps, leur croissance, s'ils ont de sérieuses raisons d'être, se précipite avec une incoercible puissance.

Cependant l'Allemagne elle-même, et non pas seulement l'Allemagne plébéienne, mais, il faut

le dire et s'en réjouir, l'Allemagne officielle, celle
des Krautjunker, a concouru au succès de ce
mouvement. Bismarck a rompu, sur un point
essentiel, avec la doctrine de Hegel. Celle-ci pro-
scrit le suffrage universel. Or, c'est par ce suffrage qu'est élu le Reichstag allemand. Les fondateurs du nouvel empire n'ont pas pu aller
jusqu'au bout de leurs principes. Partisans du
droit divin, ils ont dû, bien malgré eux, pour
affermir leur œuvre, appuyer celle-ci sur l'assen-
timent populaire et le concours actif de tous les
citoyens.

Ils entendaient, assurément, couper les ailes
au suffrage universel; ils se flattaient de le maî-
triser à leur gré, et ils se donnent beaucoup de
mal pour y parvenir; mais ils ne peuvent pas,
ayant cédé sur le principe, ne pas continuer à
céder sur les conséquences de ce principe. A
chaque nouveau Reichstag, à chaque nouveau
chancelier, l'absolutisme devient moins intrai-
table, moins sûr de lui-même, et les élus du
peuple gagnent en autorité. De plus en plus il
faut compter avec eux. Petit à petit la souveraineté populaire, virtuellement enfermée dans le
suffrage universel, se dégage des liens qui l'en-
serrent; et comme on n'osera pas, malgré les
tentatives faites en Saxe, supprimer ce suffrage

dans les élections du Reichstag, il faudra bien en venir à accepter la souveraineté qu'il implique. Le jour n'est peut-être pas éloigné où le Reichstag, et non plus l'empereur, aura qualité pour parler au nom du peuple allemand.

De grands changements s'accompliront alors dans la politique allemande. Car le peuple ne peut pas devenir souverain sans entrer en jouissance de l'attribut essentiel de la souveraineté, qui est le droit de disposer de soi-même. Jouissant de ce droit, il le reconnaîtra aux autres nations. Il ne pourrait pas faire autrement. Il n'y a pas deux logiques, une allemande et une française. Sur l'une et l'autre rive du Rhin, la même cause produit fatalement le même effet. Alors donc le principe des nationalités sera reconnu en Allemagne à la place du droit de conquête, et les Allemands, gagnés à leur tour aux idées modernes, consentiront à effacer l'outrage fait à l'Alsace-Lorraine par le traité de Francfort.

D'aucuns attendent ce bienfait de l'intervention providentielle d'un personnage tout-puissant. Il y a beaucoup de chance pour qu'ils se fassent illusion. Les moins libres des hommes sont les plus haut placés. Non seulement le présent, mais encore le passé enlacent leur volonté par mille liens presque impossibles à rompre. Traditions, préjugés, habitudes, entourage, amour-propre, crainte de déplaire ou de mal réussir, tout conspire, surtout à notre époque, à les empêcher de faire de grandes réformes ou des innovations capitales. Les souverains ne se sentent plus assez solidement assis pour résoudre, de leur seule initiative, les grands problèmes de la politique.

Aussi bien y a-t-il quelque ingénuité à compter, pour l'exaucement d'un vœu, sur le coup de baguette d'un magicien. Cette manière d'obtenir satisfaction serait assurément la plus agréable; mais le ciel n'aide guère que ceux qui s'efforcent de s'aider eux-mêmes. Et puis les coups de théâtre ne changent que l'extérieur des choses. Pour que la question d'Alsace-Lorraine puisse recevoir une solution définitive, pour que la véritable paix se substitue à la paix armée, il faut des transformations intimes, des changements dans les âmes et dans les volontés, en suite desquels tous les peuples intéressés partagent les mêmes idées et admettent les mêmes principes.

Il faut donc, en dernière analyse, travailler à ce que les Allemands, réprouvant le droit du sabre, en arrivent, eux aussi, à reconnaître la vertu supérieure du plébiscite et le droit des peuples à disposer d'eux-mêmes. On vient de voir que ce progrès est en puissance et même en passe de s'accomplir. Car, d'une part, les autres nations, accablées par les charges de la paix armée, en rejettent la faute sur l'Allemagne et réclament de celle-ci l'adoption de mesures réparatrices ; et, d'autre part, la constitution politique de l'empire d'Allemagne, admettant, pour l'élection du Reichstag, l'exercice de la souveraineté populaire, permet à cette souveraineté de se manifester légalement et d'acquérir de proche en proche, en se développant par l'usage, l'autorité suprême.

Dès lors le meilleur moyen de hâter l'avènement de la véritable paix ainsi que l'affranchissement de l'Alsace-Lorraine est de s'employer de toutes ses forces à activer ce double mouvement, l'un extérieur, exerçant une pression sur l'Allemagne, l'autre intérieur, poussant le peuple allemand à la liberté. Que tous les amis de la justice et de la paix fassent dans ce but les efforts les plus vigoureux et les plus constants. Puisse le résultat ne pas se laisser attendre trop longtemps ! Un retard prolongé compromettrait le succès d'une évolution pacifique en donnant à la guerre trop d'occasions d'éclater. Puissent en même temps les malheureux Alsaciens-Lorrains être bientôt et pour toujours délivrés de l'oppression qui les accable !

Mars 1896.

TABLE DES MATIÈRES

33'002. — Imprimerie Lahure, rue de Fleurus, 9, à Paris.

www.ingramcontent.com/pod-product-compliance
Ingram Content Group UK Ltd.
Pitfield, Milton Keynes, MK11 3LW, UK
UKHW022308120726
13694UKWH00003B/1328